HILF DIR SELBER:
DANN HILFT DIR
NOCH JEDERMANN.

Friedrich Nietzsche
Aus: Götzen-Dämmerung

Friedrich Nietzsche (1844 - 1900)

INHALT

VORWORT

Nicht selten betrachten wir die Denker des 19. Jahrhunderts lediglich historisch, als Teil der europäischen Geistesgeschichte. Friedrich Nietzsche allerdings gilt uns philosophisch als Zeitgenossse. In ihm sprechen sich die Wagnisse unserer modernen Zeit aus. Wie ein verloschener Stern, desssen Licht noch zu uns unterwegs ist, strahlt sein Denken in unsere Zeit hinein.

Zu Lebzeiten war die Resonanz auf sein Werk widersprüchlich: ablehnend, missdeutend, betroffen. Das 20. Jahrhundert findet nach Missbrauch und Fehldeutung erst spät zu einer kritisch produktiven und sachlichen Annahme seines Werkes und seines Denkens.

Als Antibürger, Freigeist, als Kritiker und Mahner subjektiver Freiheit hat er die künstlerische Avantgarde nicht nur Europas beeinflusst. Dabei gibt es "den einen" Nietzsche nicht, die Interpretation seiner Gedanken, seiner Erkenntnisse ist offen, mehrdimensional, auch widersprüchlich. Nietzsches Denkerfahrung speist sich aus einem mit existenzieller Intensität erfahrenen Gefühl der Unbehaustheit des modernen Menschen. Das Leben versteht sich für ihn nicht mehr aus sich selbst. Der Gott der Väter mit seinem festgefügten vorgegebenen metaphysischen Wertsystem ist hohl geworden. Wenn Nietzsche mit dem Hammer philosophiert, so zeigt er diese Hohlheit und weist auf deren Folgen für die menschliche Existenz hin.

Selbst im christlich-protestantischen Milieu seiner mitteldeutschen Heimat aufgewachsen, kennt er die restriktiven Formen christlicher Moral und wird deren strenger Kritiker.

In ständiger Erwartung des noch Kommenden, des vermeintlich Eigentlichen scheinen die Menschen zu vergessen, ihr Hier und Heute wahrzunehmen. Nietzsche setzt dieser jahrhundertealten, verkrusteten Tradition der europäischen Geistesgeschichte seine Immanenzkonzeption entgegen. Das Leben ist in seinem tatsächlichen chaotischen Vollzug unsere einzige Realität, jegliche Orientierung auf ein kommendes ande-

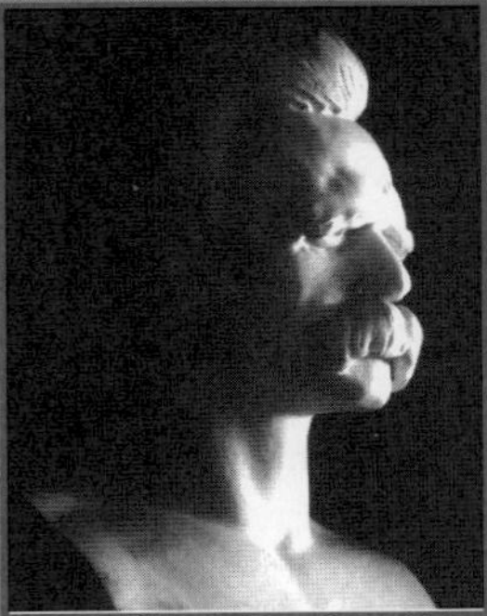

Nietzsche über Nietzsche

ICH BIN KEIN MENSCH,
ICH BIN DYNAMIT!

Aus: Ecce homo

res Dasein, in dem möglicherweise Strafe oder Belohnung für irdische Taten zugemessen werden, ist verfehlt. Auch eine Erlösung im Diesseits, wie es die Sozialisten erstrebten, ist mit Nietzsches Thesen unvereinbar. In seiner Welt gibt es keinerlei Erlösung von der unendlichen Verschränkung von Glück, Leid, Tod und Neuanfang. Das Leben ist in dieser Fülle anzunehmen und zu bejahen.

Die Grundfrage seines Frühwerks ist daher die Frage nach der Rechtfertigung des Lebens im Angesicht des Leidens. Das

Leben kann sich nur selbst rechtfertigen und tut dies durch die Kunst. In der Kunst ist das Leben und auch alles Leid auf ewig gerechtfertigt. Hier binden sich die Menschen untereinander aufs Neue und erleben sich ebenso als Glieder einer höheren Gattung wie als Bestandteile der Natur. Den Menschen, der in die furchtbare Grausamkeit des Lebens geschaut hat, "rettet die Kunst, und durch die Kunst rettet ihn sich – das Leben."

Das Nietzsche-Archiv in Weimar, Vortragsraum (S. 14/15)

Zeitgenossen Nietzsches haben seine Diagnose des Verfalls der bürgerlichen Gesellschaft nur in beschränktem Maße verstehen können. Erst das 20. Jahrhundert hat jene Tendenzen erzeugt, denen wir noch heute unterliegen, jene zerstörerischen Kräfte und Werkzeuge, deren Gebrauch Nietzsches Nihilismusdiagnose vergegenständlichte. Seine begründete Kritik moderner Macht- und Herrschaftsstrukturen, kultureller und technischer Entwicklungsrichtungen deckte frühzeitig ahnungsvoll deren Zerstörungspotential auf.

Der einzige Ausweg für den heimatlosen Menschen führt nach Nietzsche über einen schwierigen Prozess der Selbstgesetzgebung der freien Geister, die weltanschaulicher Vorgaben und fremder Führung nicht mehr bedürfen, sondern ihren Weg ohne Hoffnung auf jenseitige Hilfe und endgültige Lösungen annehmen.

Einsamkeit war eine tragende Stimmung seines Lebens wie seiner Philosophie. Im Glauben heimatlos geworden und von Freunden verlassen, zog sich Nietzsche nach Aufgabe seiner Professur in alpine und mediterrrane Landschaften zurück. Hier entwickelte er auf langen Spaziergängen seinen aphoristischen Stil, in dem er den menschlichen Verhaltensweisen, ihren vorgeblichen und echten Motivationen nahe kam wie kaum ein anderer Schriftsteller. Dies war die Arbeit des Psychologen Nietzsche, des Maulwurfs, der in die Abgründe der menschlichen Seele blickte und den schönen Schein unterminierte. Die Einsamkeit als Thema und als Lebensform und zugleich die Sehnsucht nach Gleichgesinnten und Jüngern ließ ihn das Gespür für alles

Eingang des Nietzsche-Archivs in Weimar, gestaltet von Henry van de Velde

Menschliche entwickeln. Mit der Genauigkeit des Philologen, der die Sprache hinter den Worten vernimmt, bindet er menschliche Handlungsmaximen an leiblich existentielle Interessenlagen und entwickelt daraus seine alternative mehrdeutige Betrachtung des Lebens. Das macht auch eine aphoristische Sammlung gehalt- und reizvoll und kann zu tieferer Beschäftigung mit diesem "Hin- und Hergetriebenen zwischen Wissenschaft und Christentum, Skepsis, Glauben und Aberglauben, Verneinung und Jasagen" (Heinrich Mann) führen.

Nietzsches Spätphilosophie mündet in dem Gedanken der ewigen Wiederkunft des Gleichen. Dieser ist ihm der einzig mögliche Trost im Diesseits. Nietzsche war zeitlebens kränklich und letztlich unheilbar krank. Wegen seiner philosophischen Lebensgeschichte, die ihm metaphysische Tröstungen versagt, bleibt ihm kein anderer Ausweg, als das Leben, wie es ist zu bejahen. Den hässlichsten Menschen lässt Nietzsche in "Also sprach Zarathustra" sagen:

"War Das – das Leben? ...
wohlan! Noch Ein Mal!".

Nietzsches große Wirkungen im 20. Jahrhundert sind nicht zuletzt seiner bebilderten Sprachgewalt geschuldet. Schriftsteller und Künstler zählten lange vor einer tieferen philosophischen Rezeption zu seinen ersten Lesern, und wohl kaum ein Schriftsteller von Rang konnte sich seiner stilbildenden Kraft entziehen.

Ralf Eichberg

MENSCH UNTER MENSCHEN

Ein jeder hat seinen guten Tag,
wo er sein höheres Selbst findet.

Aus: Menschliches, Allzumenschliches

Vor wem man glänzt, den lässt
man gerne als Licht gelten.

Aus: Menschliches, Allzumenschliches

Man liebt zuletzt seine Begierde,
und nicht das Begehrte.

Aus: Jenseits von Gut und Böse

Wenn die Lüge zu unserm
Charakter stimmt,
lügen wir am besten.

Aus: Nachgelassene Fragmente

Es bedarf unendlicher
Verstellung, um ein liebevoller
Mensch zu werden.

Aus: Nachgelassene Fragmente

Bosheit ist selten. – Die meisten
Menschen sind viel zu sehr
mit sich beschäftigt,
um boshaft zu sein.

Aus: Menschliches, Allzumenschliches

Friedrich Nietzsche 1861

Was Andere von uns wissen.
Das, was wir von uns selber wissen und im Gedächtnis haben, ist für das Glück unseres Lebens nicht so entscheidend, wie man glaubt. Eines Tages stürzt Das, was *Andere* von uns wissen (oder zu wissen meinen) über uns her – und jetzt erkennen wir, dass es das Mächtigere ist.
Man wird mit seinem schlechten Gewissen leichter fertig, als mit seinem schlechten Rufe.

Aus: Die fröhliche Wissenschaft

"Nicht, dass du mich belogst, sondern dass ich dir nicht mehr glaube, hat mich erschüttert." –

Aus: Jenseits von Gut und Böse

"Unegoistisch!" – Jener ist hohl und will voll werden, Dieser ist überfüllt und will sich ausleeren, – Beide treibt es, sich ein Individuum zu suchen, das ihnen dazu dient. Und diesen Vorgang, im höchsten Sinn verstanden, nennt man beidemal mit Einem Worte: Liebe, – wie? die Liebe sollte etwas Unegoistisches sein?

Aus: Morgenröthe

Der Unterleib ist der Grund
dafür, dass der Mensch
sich nicht so leicht für
einen Gott hält.

Aus: Jenseits von Gut und Böse

Wer sich selbst verachtet,
achtet sich doch immer noch
dabei als Verächter.

Aus: Jenseits von Gut und Böse

Wer hat nicht für seinen guten
Ruf schon einmal –
sich selbst geopfert?

Aus: Jenseits von Gut und Böse

Die Schwester Elisabeth Nietzsche

Wenn wir über Jemanden umlernen müssen, so rechnen wir ihm die Unbequemlichkeit hart an, die er uns damit macht.

Aus: Jenseits von Gut und Böse

Bitte.

Ich kenne mancher Menschen Sinn
Und weiss nicht, wer ich selber bin!
Mein Auge ist mir viel zu nah –
Ich bin nicht, was ich seh und sah.

Ich wollte mir schon besser nützen,
Könnt ich mir selber ferner sitzen.
Zwar nicht so ferne wie mein Feind!
Zu fern sitzt schon der nächste Freund –
Doch zwischen dem und mir die Mitte!
Errathet ihr, um was ich bitte?

Aus: Die fröhliche Wissenschaft

Selig sind die Schläfrigen; denn sie sollen bald einnicken.

Aus: Also sprach Zarathustra

Verbotene Freigebigkeit. –
Es ist nicht genug Liebe und Güte in der Welt, um noch davon an eingebildete Wesen wegschenken zu dürfen.

Aus: Menschliches, Allzumenschliches

Geist zeigen.
Jeder, der seinen Geist zeigen will, lässt merken, dass er auch reichlich vom Gegentheil hat.

Aus. Menschliches, Allzumenschliches

Die Weiber haben den Verstand, die Männer das Gemüt und die Leidenschaft.

Aus: Menschliches, Allzumenschliches

Väter und Söhne schonen sich
viel mehr untereinander als
Mütter und Töchter.

Aus: Die fröhliche Wissenschaft

Im Lobe ist mehr Zudringlichkeit
als im Tadel.

Aus: Jenseits von Gut und Böse

Freund.
Mitfreude, nicht Mitleiden,
macht den Freund.

Aus: Menschliches, Allzumenschliches

Man bleibt nur gut,
wenn man vergisst.

Aus: Nachgelassene Fragmente

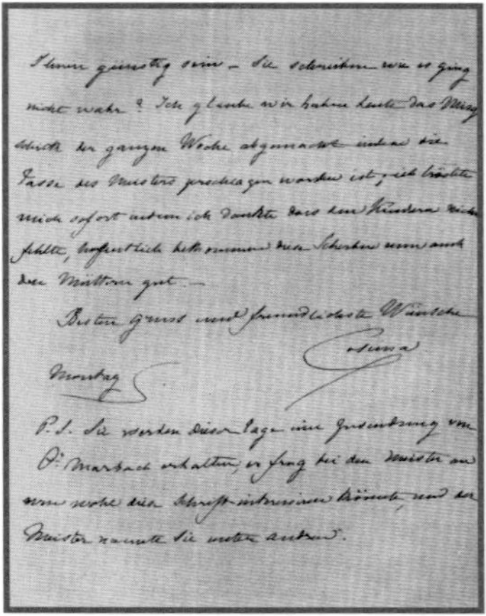

Sterne günstig sein – Sie schreiben wie es ging nicht wahr? Ich glaube wir haben heute das Missgeschick der ganzen Woche abgemacht indem die Tasse des Meisters zerschlagen worden ist; ich tröstete mich sofort indem ich dachte dass den Kindern nichts fehlte, hoffentlich bekommen diese Scherben nun auch den Müttern gut –

Besten Gruss und freundlichste Wünsche

Cosima

Montag

P.S. Sie werden dieser Tage eine Zusendung von Dr. Marbach erhalten, er frug bei dem Meister an wen wohl diese Schrift interessiren könnte, und der Meister nannte Sie unter andern.

Brief Cosima Wagners an Friedrich Nietzsche 1870

*Cosima Wagner *1837 †1930*

Von sich absehn lernen
ist nöthig, um Viel zu sehn.

Aus: Also sprach Zarathustra

Ich vermuthe, dass wir nur
sehen, was wir kennen.

Aus: Nachgelassene Fragmente

Liebt euren Nächsten gleich
euch selber, vorausgesetzt dass
ihr euch selber liebt.

Aus: Nachgelassene Fragmente

Was aus Liebe gethan wird,
geschieht immer jenseits
von Gut und Böse.

Aus: Jenseits von Gut und Böse

37

Es ist unmöglich Liebe zu lehren.

Aus: Unzeitgemäße Betrachtungen

Der Brave.
Lieber aus ganzem Holz eine Feindschaft,
Als eine geleimte Freundschaft!

Aus: Die fröhliche Wissenschaft

Einige wollen, aber die meisten werden nur gewollt.

Aus: Nachgelassene Fragmente

"Erkenne dich selbst" ist die ganze Wissenschaft. – Erst am Ende der Erkenntniss aller Dinge wird der Mensch sich selbst erkannt haben. Denn die Dinge sind nur die Grenzen des Menschen.

Aus: Morgenröthe

Freude am Unsinn. – Wie kann der Mensch Freude am Unsinn haben? So weit nämlich auf der Welt gelacht wird, ist dies der Fall; ja man kann sagen, fast überall wo es Glück gibt, gibt es Freude am Unsinn.

Aus: Menschliches, Allzumenschliches

Nietzsche als Abiturient

Die Menschen durchleben jetzt alle zuviel und durchdenken zu wenig.

Aus: Menschliches, Allzumenschliches

Unsere gewöhnliche Stimmung hängt von der Stimmung ab, in der wir unsere Umgebung zu erhalten wissen.

Aus: Morgenröthe

Unsere Mängel sind die Augen, mit denen wir das Ideal sehen.

Aus: Menschliches, Allzumenschliches

Gedanken sind Handlungen.

Aus: Nachgelassene Fragmente

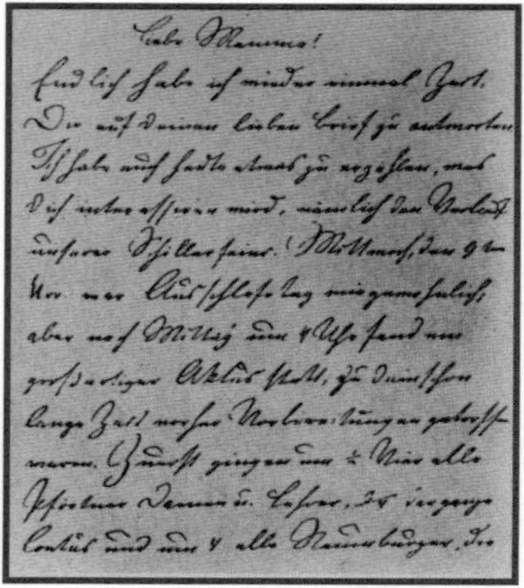

Liebe Mamma!
Endlich habe ich wieder einmal Zeit, Dir auf Deinen lieben Brief zu antworten. Ich habe auch heute etwas zu erzählen, was Dich interessieren wird, nämlich den Verlauf unserer Schillerfeier. Mittwoch, den 9ten Nov. war Ausschlafetag wie gewöhnlich, aber nach Mittag um 4 Uhr fand ein großartiger Aktus statt, zu dem schon lange Zeit vorher Vorbereitungen getroffen waren. Zuerst gingen um ½ 4 Uhr alle Schüler, dann d. Lehrer, der ganze Coetus und um 4 alle Naumburger. Die

Brief Nietzsches an seine Mutter
aus Schulpforta, 1859

Er (der Mensch, d.Hsg.) muss die Kraft haben und von Zeit zu Zeit anwenden, eine Vergangenheit zu zerbrechen und aufzulösen, um leben zu können.

Aus: Unzeitgemäße Betrachtungen

Nicht Reue! sondern Böses durch eine gute Handlung gut machen.

Aus: Nachgelassene Fragmente

Nicht das Gehirn denkt, sondern wir denken das Gehirn.

Aus: Nachgelassene Fragmente

Alles Lebendige ist
ein Gehorchendes.

Aus: Also sprach Zarathustra

Wer nichts zu thun hat, dem
macht ein Nichts zu schaffen.

Aus: Dionysos – Dithyramben

Wir wollen uns so freuen,
dass unsere Freude den
Anderen nützlich ist.

Aus: Nachgelassene Fragmente

Wer sich selbst erniedrigt,
will erhöhet werden.

Aus: Menschliches, Allzumenschliches

GLOCKENGUSS DER CULTUR

Kultur ist vor allem Einheit
des künstlerischen Stiles
in allen Lebensäusserungen
eines Volkes.

Aus: Unzeitgemäße Betrachtungen

Friedrich Nietzsche

Es ist die Aufgabe einer Kultur,
daß das Große in einem Volke
nicht als Einsiedler erscheint,
noch als Verbannter.

Aus: Nachgelassene Fragmente

Wahrhaftigkeit der Kunst: sie ist allein jetzt ehrlich. So kommen wir, auf ungeheurem Umweg, wieder auf das natürliche Verhalten zurück. Es hat sich unmöglich erwiesen, eine Kultur auf das Wissen zu bauen.

Aus: Nachgelassene Fragmente

Brief Nietzsches an Freiherrn Reinhardt von Seydlitz, 1876

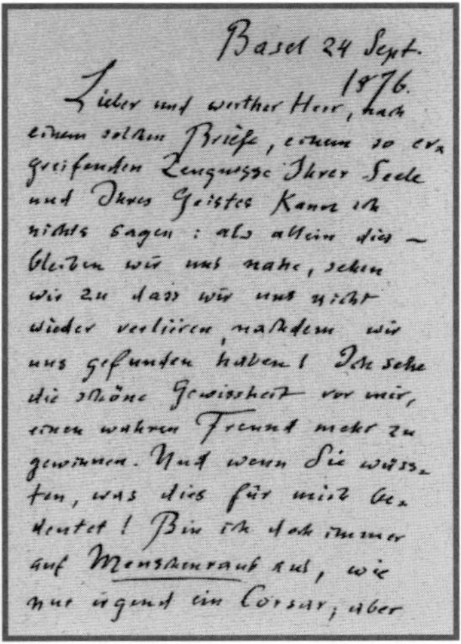

Basel 24 Sept. 1876.

Lieber und werther Herr, nach einem solchen Briefe, einem so ergreifenden Zeugnisse Ihrer Seele und Ihres Geistes kann ich nichts sagen: als allein dies — bleiben wir uns nahe, sehen wir zu dass wir uns nicht wieder verlieren, nachdem wir uns gefunden haben! Ich sehe die schöne Gewissheit vor mir, einen wahren Freund mehr zu gewinnen. Und wenn Sie wüssten, was dies für mich bedeutet! Bin ich doch immer auf Menschenraub aus, wie nur irgend ein Corsar; aber

Ihr sollt nicht in eine Metaphysik flüchten, sondern sollt euch der werdenden Kultur thätig opfern!

Aus: Nachgelassene Fragmente

Kultur – Herrschaft der Kunst über das Leben. Die Grade ihrer Güte hängen einmal ab vom Grade dieser Herrschaft und zweitens von dem Werthe der Kunst selbst.

Aus: Nachgelassene Fragmente

Glockenguss der Cultur. – Die Cultur ist entstanden wie eine Glocke, innerhalb eines Mantels von gröberem, gemeinerem Stoffe… Ist es an der Zeit, ihn jetzt abzunehmen? Ist das Flüssige erstarrt, sind die guten, nützlichen Triebe, die Gewohnheiten des edleren Gemüthes so sicher und allgemein geworden, dass es keiner Anlehnung an Metaphysik und die Irrthümer der Religionen mehr bedarf…?

Aus: Menschliches, Allzumenschliches

Gefahr unserer Cultur. –
Wir gehören einer Zeit an, deren Cultur in Gefahr ist, an den Mitteln der Cultur zu Grunde zu gehen.

Aus: Menschliches, Allzumenschliches

Freude an fremder Originalität zu haben, ohne der Affe derselben zu werden, wird vielleicht einmal das Zeichen einer neuen Cultur sein.

Aus: Nachgelassene Fragmente

Es geht zu Ende
mit der alten Wahrheit.

Aus: Ecce homo

Widersprechen können. –
Jeder weiß jetzt, dass Wider-
spruch-Vertragen-können ein
hohes Zeichen von Cultur ist.

Aus: Fröhliche Wissenschaft

Cultur ist nur ein dünnes
Apfelhäutchen über einem
glühenden Chaos.

Aus: Nachgelassene Fragmente

Es ist immer das grösste
Verhängniss der Cultur gewesen,
wenn Menschen angebetet
werden.

Aus: Menschliches, Allzumenschliches

Als ästhetisches Phänomen ist uns das Dasein immer noch erträglich und durch die Kunst ist uns Auge und Hand und vor Allem das gute Gewissen dazu gegeben, aus uns selber ein solches Phänomen machen zu können.

Aus: Nachgelassene Fragmente

Es ist in der Art der gebundenen Geister, irgend eine Erklärung keiner vorzuziehn; dabei ist man genügsam. Hohe Cultur verlangt, manche Dinge ruhig unerklärt stehen zu lassen: epecho.

Aus: Nachgelassene Fragmente

An Goethe.

Das Unvergängliche
Ist nur dein Gleichniss!
Gott, der Verfängliche,
Ist Dichter-Erschleichniss …

Welt-Rad, das rollende,
Streift Ziel auf Ziel:
Noth nennt's der Grollende,
Der Narr nennt's – Spiel …

Welt-Spiel, das herrische
Mischt Stein und Schein: –
Das Ewig-Närrische
Mischt uns – hinein!…

Aus: Die fröhliche Wissenschaft

Die deutsche Prosa ist noch sehr jung: Goethe meint, dass Wieland ihr Vater sei.

Aus: Menschliches, Allzumenschliches

Wieland kam als ein kluger Mann dem Schwinden seines Einflusses durch den Tod zuvor.

Aus: Menschliches, Allzumenschliches

Herder hatte seinen Anhang, welcher an ihn glaubte: der junge Goethe war unter ihm. Aber überall, wo zuletzt Kronen wirklich vergeben wurden, ging er leer aus.

Aus Menschliches, Allzumenschliches

Abgesehen von der Zeit, wo Schiller – der arme Schiller, der keine Zeit hatte und keine Zeit ließ – ihn aus der enthaltsamen Scheu vor der Poesie, aus der Furcht vor allem literarischen Wesen und Handwerk hinaustrieb, erscheint Goethe wie ein Grieche, der hier und da eine Geliebte besucht, mit dem Zweifel, ob es nicht eine Göttin sei.

Aus: Menschliches, Allzumenschliches

DAS LEBEN - EIN SPIEGEL

Ein Beruf ist das Rückgrat des Lebens.

Aus: Menschliches, Allzumenschliches

Es zahlt sich theuer, zur Macht zu kommen: Die Macht ist verdummt.

Aus: Götzen-Dämmerung

Brief Nietzsches an Carl von Gersdorff, 1883

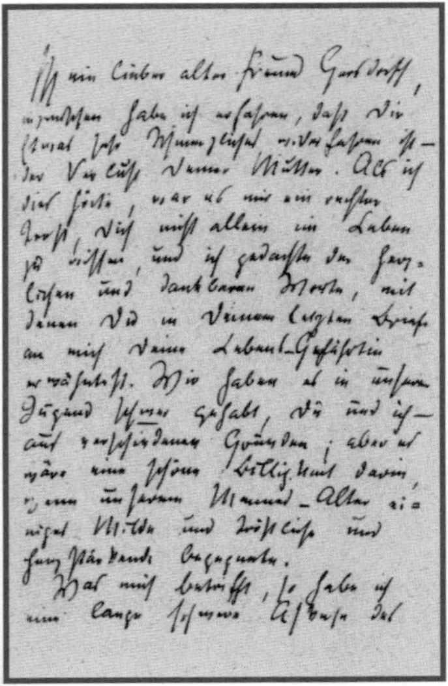

Mein lieber alter Freund Gersdorff,
inzwischen habe ich erfahren, daß Dir
Etwas sehr Schmerzliches widerfahren ist —
der Verlust Deiner Mutter. Als ich
dies hörte, war es mir ein rechter
Trost, Dich nicht allein im Leben
zu wissen, und ich gedachte der herz-
lichen und dankbaren Worte, mit
denen Du in Deinem letzten Briefe
an mich Deine Lebens-Gefährtin
erwähntest. Wir haben es in unserer
Jugend schwer gehabt, Du und ich —
aus verschiedenen Gründen; aber es
wäre eine schöne Billigkeit darin,
wenn unserem Mannes-Alter [illegible]
[illegible] Milde und Tröstliches und
Herzstärkendes begegnete.
Was mich betrifft, so habe ich
eine lange schwere [illegible] des

Schaffen – das ist die grösste
Erlösung vom Leiden, und des
Lebens Leichtwerden.

Aus: Also sprach Zarathustra

Der Besitz besitzt.
Nur bis zu einem gewissen
Grade macht der Besitz den
Menschen unabhängiger, freier;
eine Stufe weiter – und der
Besitz wird zum Herrn,
der Besitzer zum Sclaven.

Aus: Menschliches, Allzumenschliches

Schmuckblatt
von Henry van de Velde zu
"Also sprach Zarathustra", 1892

ALSO
SPRACH
ZARATHUSTRA
FRIEDRICH
NIETZSCHE

Je besser der Staat eingerichtet ist, desto matter die Menschheit.

Aus: Nachgelassene Fragmente

Unsere Zeit verträgt nur eine einzige Gattung von Reichen, solche, welche sich ihres Reichtums schämen.

Aus: Menschliches, Allzumenschliches

Unsere Institutionen taugen nicht mehr: darüber ist man einmütig. Aber das liegt nicht an ihnen, sondern an uns.

Aus: Götzen-Dämmerung

Das Talent manches Menschen
erscheint geringer, als es ist,
weil er sich immer zu große
Aufgaben gestellt hat.

Aus: Menschliches, Allzumenschliches

Die Menschen laufen jedem
nach, der ihnen einzureden
weiss, sie hätten ihren Weg
verloren: es schmeichelt sie so,
zu hören, dass sie überhaupt
einen Weg haben.

Aus: Nachgelassene Fragmente

Für Tänzer.
Glattes Eis
Ein Paradeis
Für Den,
der gut zu tanzen weiss.

Aus: Die fröhliche Wissenschaft

Ein Spiegel ist das Leben.
In ihm sich zu erkennen,
Möcht ich das erste nennen,
Wonach wir nur auch streben.

Aus: Autobiographisches aus den Jahren 1856-1869

Jedes Wort ist ein Vorurtheil.

Aus: Menschliches, Allzumenschliches

Dank. –
Eine feine Seele bedrückt es, sich jemandem zu Dank verpflichtet zu wissen; eine grobe, sich Jemandem.

Aus: Menschliches, Allzumenschliches

Öffentliche Meinungen – private Faulheiten.

Aus: Menschliches, Allzumenschliches

Es ist verräterisch, nach Grösse zu streben: wer sie hat, strebt nach Güte.

Aus: Nachgelassene Fragmente

Wie? Ein grosser Mann?
Ich sehe immer nur den Schauspieler seines eigenen Ideals.

Aus: Jenseits von Gut und Böse

An einen Gelobten.
Solange man dich lobt, glaube nur immer, dass du noch nicht auf deiner eigenen Bahn, sondern auf der eines Anderen bist.

Aus: Menschliches, Allzumenschliches

Die grossen Epochen unseres Lebens liegen dort, wo wir den Muth gewinnen, unser Böses als unser Bestes umzutaufen.

Aus: Jenseits von Gut und Böse

Gastfreundschaft.

Der Sinn in den Gebräuchen der Gastfreundschaft ist: das Feindliche im Fremden zu lähmen. Wo man im Fremden nicht mehr zunächst den Feind empfindet, nimmt die Gastfreundschaft ab, sie blüht, so lange ihre böse Voraussetzung blüht.

Aus: Morgenröthe

An sich denken, giebt wenig Glück: wenn man aber viel Glück dabei hat, liegt es daran, dass man im Grunde nicht an sich, sondern an sein Ideal denkt.

Aus: Nachgelassene Fragmente

Sich häuten. –
Die Schlange, welche sich nicht häuten kann, geht zu Grunde. Ebenso die Geister, welche man verhindert, ihre Meinungen zu wechseln; sie hören auf, Geist zu sein.

Aus: Morgenröthe

Jeder, der irgendwann einmal einen ›neuen Himmel‹ gebaut hat, fand die Macht dazu erst in der eignen Hölle...

Aus: Genealogie der Moral

Titelskizze zu "Morgenröthe", 1887

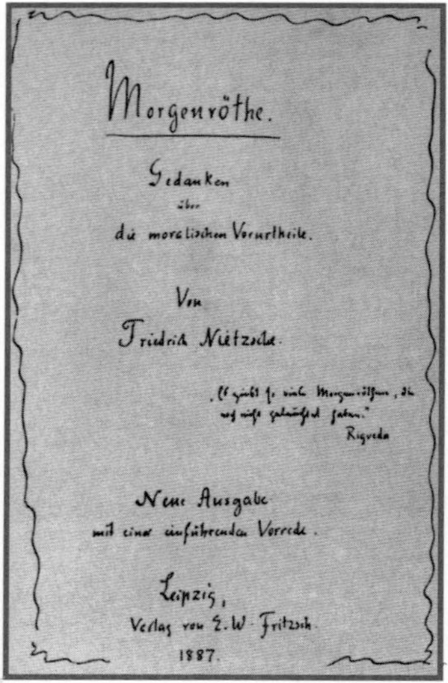

Morgenröthe.

Gedanken
über
die moralischen Vorurtheile.

Von
Friedrich Nietzsche.

„Es giebt so viele Morgenröthen, die
noch nicht geleuchtet haben."
Rigveda

Neue Ausgabe
mit einer einführenden Vorrede.

Leipzig,
Verlag von E. W. Fritzsch.
1887.

Alle Grossen waren grosse Arbeiter.

Aus: Menschliches, Allzumenschliches

Dir wird die Last des Lebens zu schwer? – So musst du die Last deines Lebens vermehren.

Aus: Menschliches, Allzumenschliches

Wer den Weg zu *seinem* Ideale nicht zu finden weiß, lebt leichtsinniger und frecher als der Mensch ohne Ideal.

Aus: Jenseits von Gut und Böse

Ein tüchtiger Handwerker oder Gelehrter nimmt sich gut aus, wenn er seinen Stolz bei seiner Kunst hat und genügsam und zufrieden auf das Leben blickt; und nichts hingegen ist jämmerlicher anzuschauen, als wenn ein Schuster oder Schulmeister mit leidender Miene zu verstehen giebt, er sei eigentlich für etwas Besseres geboren. Es gibt gar nichts Besseres als das Gute! und das ist: irgendeine Tüchtigkeit haben und aus ihr schaffen.

Aus: Nachgelassene Fragmente

Bewegliche Habe und Grundbesitz.

Wenn Einen das Leben einmal recht räuberhaft behandelt hat, und an Ehren, Freuden, Anhang, Gesundheit, Besitz aller Art nahm, was es nehmen konnte, so entdeckt man vielleicht hinterdrein, nach dem ersten Schrecken, dass man reicher ist, als je zuvor. Denn jetzt erst weiss man, was Einem zu eigen ist, dass keine Räuberhand daran zu rühren vermag.

Aus: Menschliches, Allzumenschliches

Der Skeptiker spricht.

Halb ist dein Leben um, Der Zeiger rückt, die Seele schaudert dir! Lang schweift sie schon herum und sucht, und fand nicht – und sie zaudert hier?

Halb ist dein Leben um: Schmerz war's und Irrthum, Stund' um Stund' dahier! Was suchst du noch? Warum? – Diess eben such' ich – Grund um Grund dafür.

Aus: Die fröhliche Wissenschaft

JUGEND, LIEBE, ALTER ...

Spät jung erhält lang jung.
Man muß die Jugend nicht
bei den Jungen suchen.

Aus: Nachgelassene Fragmente

Man muß seine Jugend
überwinden, wenn man wieder
Kind sein will.

Aus: Nachgelassene Fragmente

Die Schwester Elisabeth Nietzsche

Also will es die Art edler Seelen: sie wollen Nichts umsonst haben, am wenigsten das Leben.

Aus: Also sprach Zarathustra

Die Forderung geliebt zu werden, ist die grösste der Anmaassungen.

Aus: Menschliches, Allzumenschliches

Der Liebende schenkt sich weg; der welcher geliebt werden will, möchte sich selber geschenkt bekommen.

Aus: Nachgelassene Fragmente

Nacht ist es; nun erst erwachen alle Lieder der Liebenden.

Aus: Also sprach Zarathustra

Mitunter genügt schon eine starke Brille, um den Verliebten zu helfen.

Aus: Menschliches, Allzumenschliches

Frauen können recht gut mit einem Mann Freundschaft schließen; aber um diese aufrecht zu erhalten – dazu muss wohl eine kleine physische Antipathie mithelfen.

Aus: Die fröhliche Wissenschaft

Die gleichen Affekte sind bei Mann und Weib doch im Tempo verschieden: deshalb hören Mann und Weib nicht auf sich misszuverstehn.

Aus: Jenseits von Gut und Böse

Die Ehe als langes Gespräch. – Man soll sich beim Eingehen einer Ehe die Frage vorlegen: Glaubst du, dich mit dieser Frau bis ins Alter hinein gut zu unterhalten? Alles andere in der Ehe ist transitorisch.

Aus: Menschliches, Allzumenschliches

Lou von Salomé

Es sollte nicht erlaubt sein im
Zustand der Verliebtheit einen
Entschluss über sein Leben zu
fassen und man sollte die
Schwüre der Liebenden öffent-
lich für ungültig erklären

Aus: Morgenröthe

Gegen die Männerkrankheit
der Selbstverachtung hilft am
sichersten, von einem klugen
Weib geliebt zu werden.

Aus: Menschliches, Allzumenschliches

Remedium amoris. –
Immer noch hilft gegen die Liebe in den meisten Fällen jenes alte Radicalmittel: die Gegenliebe.

Aus: Morgenröthe

Dass die Zerstörung einer Illusion noch keine Wahrheit ergiebt, sondern nur ein Stück Unwissenheit mehr.

Aus: Nachgelassene Fragmente

Reife des Mannes: das heisst den Ernst wiedergefunden haben, den man als Kind hatte, beim Spiel.

Aus: Jenseits von Gut und Böse

Der beste Freund wird wahrscheinlich die beste Gattin bekommen, weil die gute Ehe auf dem Talent zur Freundschaft beruht.

Aus: Menschliches, Allzumenschliches

Die "einfachsten" Dinge sind sehr compliciert – man kann sich nicht genug darüber verwundern!

Aus: Morgenröthe

Der kranke Nietzsche mit der Mutter 1892 in Naumburg

Eine Ehe, in der jedes durch das andere ein individuelles Ziel erreichen will, hält gut zusammen, zum Beispiel wenn die Frau durch den Mann berühmt, der Mann durch die Frau beliebt werden will.

Aus: Menschliches, Allzumenschliches

Wenn die Ehegatten nicht beisammen lebten, würden die guten Ehen häufiger sein.

Aus: Menschliches, Allzumenschliches

... nur durch Heiterkeit geht der Weg zur Erlösung.

Aus: Unzeitgemäße Betrachtungen

Mit der Schönheit der Frauen
nimmt im allgemeinen ihre
Schamhaftigkeit zu.

Aus: Menschliches, Allzumenschliches

Der Tiefsinn gehört der Jugend,
der Klarsinn dem Alter.

Aus: Menschliches, Allzumenschliches

Was allein kann uns
wiederherstellen?
Der Anblick des Vollkommenen.

Aus: Nachgelassene Fragmente

Wir sind Experimente:
wir wollen es auch sein!

Aus: Morgenröthe

ECCE HOMO

Ecce homo.
Ja! Ich weiss, woher ich
stamme!
Ungesättigt gleich der Flamme
Glühe und verzehr' ich mich.
Licht wird Alles, was ich fasse,
Kohle Alles, was ich lasse:
Flamme bin ich sicherlich.

Aus: Die fröhliche Wissenschaft

Irrtum (– der Glaube ans Ideal –) ist nicht Blindheit, Irrtum ist Feigheit... Jede Errungenschaft, jeder Schritt vorwärts in der Erkenntnis folgt aus dem Mut, aus der Härte gegen sich, aus der Sauberkeit gegen sich... Ich widerlege die Ideale nicht, ich ziehe bloß Handschuhe vor ihnen an...

Aus: Ecce homo

"Das habe ich getan" sagt mein Gedächtnis. "Das kann ich nicht getan haben" – sagt mein Stolz und bleibt unerbittlich. Endlich – gibt das Gedächtnis nach.

Aus: Jenseits von Gut und Böse

Meine Härte.
Ich muss weg über hundert Stufen,
Ich muss empor und hör euch rufen:
"Hart bist du; Sind wir denn von Stein?" –
Ich muss weg über hundert Stufen,
Und Niemand möchte Stufe sein.

Aus: Die fröhliche Wissenschaft

Ich bin der Anti-Esel
par excellence und damit ein
welthistorisches Untier.

Aus: Ecce homo

Ich bin passioniert für die Unabhängigkeit, ich opfere ihr alles – wahrscheinlich weil ich die abhängigste Seele habe und an allen kleinen Stricken mehr gequält werde als andere an Ketten.

Aus: Menschliches, Allzumenschliches

Der Gelehrte, der im Grunde nur noch Bücher wälzt – verliert zuletzt ganz und gar das Vermögen, von sich aus zu denken. Wälzt er nicht, so denkt er nicht.

Aus: Ecce homo

Alles Entscheidende entsteht trotzdem.

Aus: Ecce homo

...Zuletzt sollte man, zur Belehrung der Nachwelt, einen echten Bayreuther ausstopfen, besser noch in Spiritus setzen, denn an Spiritus fehlt es, mit der Unterschrift: so sah der "Geist" aus, auf den hin man das "Reich" gründete.

Aus: Ecce homo

Mein Genie ist in meinen Nüstern...

Aus: Ecce homo

Richard Wagner 1871

Man muss fest auf sich sitzen, man muss tapfer auf seinen beiden Beinen stehn, sonst kann man gar nicht lieben.

Aus: Ecce homo

Im Grunde sind die Emanzipierten die Anarchisten in der Welt des "Ewig-Weiblichen"...

Aus: Ecce homo

So komme auch ich zu dem Satze, dass in den Angelegenheiten der höchsten philosophischen Art alle Verheirateten verdächtig sind.

Aus: Menschliches, Allzumenschliches

– die Deutschen sind für mich unmöglich. Wenn ich mir eine Art Mensch ausdenke, die allen meinen Instinkten zuwiderläuft, so wird immer ein Deutscher daraus.

Aus: Ecce homo

– Und warum sollte ich nicht bis ans Ende gehen? Ich liebe es, reinen Tisch zu machen.

Aus: Ecce homo

Werde fort und fort, der, der du bist – der Lehrer und Bildner deiner selber!

Aus: Nachgelassene Fragmente

Zur Erwägung.
Zwiefacher Schmerz ist leichter
zu ertragen als ein Schmerz:
Willst du darauf es wagen?

Aus: Die fröhliche Wissenschaft

Erkennen: das heißt: alle Dinge
zu unserem Besten verstehen!

Aus: Nachgelassene Fragmente

War Das das Leben? Wohlan!
Noch Ein Mal!

Aus: Also sprach Zarathustra

VADEMECUM-VADETECUM

Meinem Leser.
Ein gut Gebiss
und einen guten Magen –
Dies wünsch' ich dir!
Und hast du erst mein Buch
vertragen,
Verträgst du dich gewiss mit mir.

Aus: Die fröhliche Wissenschaft

Jede starke Richtung ist einseitig.

Aus: Menschliches, Allzumenschliches

Ich sah manche Wahrheit siegen, aber stets durch die wohlwollende Unterstützung von hundert Irrtümern.

Aus: Nachgelassene Fragmente

... es ist bisweilen dabei wahr, dass ein Teufel den andern austreibt – aber man hat dann den andern.

Aus: Menschliches, Allzumenschliches

Nietzsches Schreibmaschine

Wer immer danach hinhorcht,
wie er beurtheilt wird,
hat immer Aerger.

Aus: Menschliches, Allzumenschliches

Wir sind so gern in der freien
Natur, weil diese
keine Meinung über uns hat.

Aus: Menschliches, Allzumenschliches

Ohne Eitelkeit. –
Leidenschaftliche Menschen
denken wenig an Das, was die
Anderen denken, ihr Zustand
erhebt sie über die Eitelkeit.

Aus: Morgenröthe

Was sind denn unsere
Erlebnisse? Viel mehr Das,
was wir hineinlegen, als Das,
was darin liegt.

Aus: Morgenröthe

Mißerfolg und Verachtetwerden
sind gute Mittel,
um frei zu werden.

Aus: Nachgelassenen Fragmente

Täglich zu hören, was über uns
gesprochen wird, oder gar zu
ergrübeln, was über uns
gedacht wird, – das vernichtet
den stärksten Mann.

Aus Morgenröthe

Die stillsten Worte sind es,
welche den Sturm bringen.

Aus: Also sprach Zarathustra

Ein Herz voller Tapferkeit und
guter Dinge braucht von Zeit zu
Zeit etwas Gefahr, sonst wird
ihm die Welt unausstehlich.

Aus: Nachgelassene Fragmente

Man muss es nöthig haben,
stark zu sein:
sonst wird man's nie.

Aus: Götzen-Dämmerung

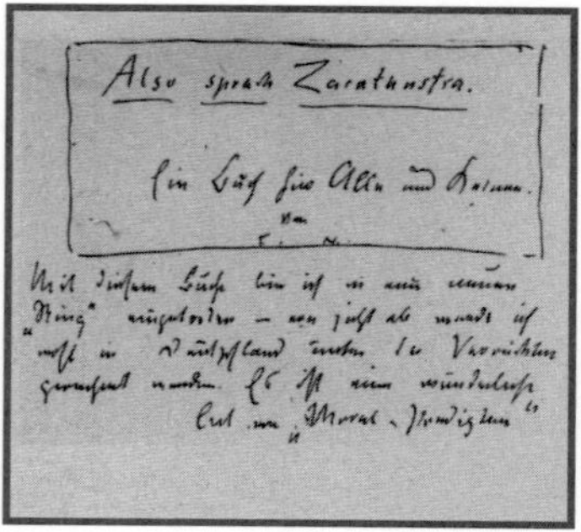

Also sprach Zarathustra.

Ein Buch für Alle und Keinen.

von

F. N.

Mit diesem Buche bin ich in einen neuen „Ring“ eingetreten – von jetzt ab werde ich wohl in Deutschland unter die Verrückten gerechnet werden. Es ist eine wunderliche Art von „Moral-Predigten“

Aus den Skizzenbüchern Nietzsches, 1882

Laster ist keine Ursache;
Laster ist eine Folge...

Aus: Nachgelassene Fragmente

Etwas Gesundheit ab und zu
ist das beste Heilmittel
des Kranken.

Aus: Menschliches, Allzumenschliches

Schwärmerei und Entzücken für
ein Ding oder einen Menschen
sind keine Argumente:
Widerwille und Hass gegen sie
auch nicht.

Aus: Morgenröthe

Es kommt in der Wirklichkeit
nichts vor, was der Logik
streng entspräche.

Aus: Nachgelassene Fragmente

Unser Charakter wird noch mehr
durch den Mangel gewisser
Erlebnisse, als durch Das,
was man erlebt, bestimmt.

Aus: Menschliches, Allzumenschliches

… dass Instinkt unter allen Arten
von Intelligenz, welche bisher
entdeckt wurden,
die intelligenteste ist.

Aus: Jenseits von Gut und Böse

Wenn der Glaube nicht selig machte, so würde er nicht geglaubt werden

Aus: Menschliches, Allzumenschliches

Wer sich selber nicht glaubt, lügt immer.

Aus: Also sprach Zarathustra

Die meisten Denker schreiben schlecht, weil sie uns nicht nur ihre Gedanken, sondern auch das Denken der Gedanken mittheilen.

Aus: Menschliches, Allzumenschliches

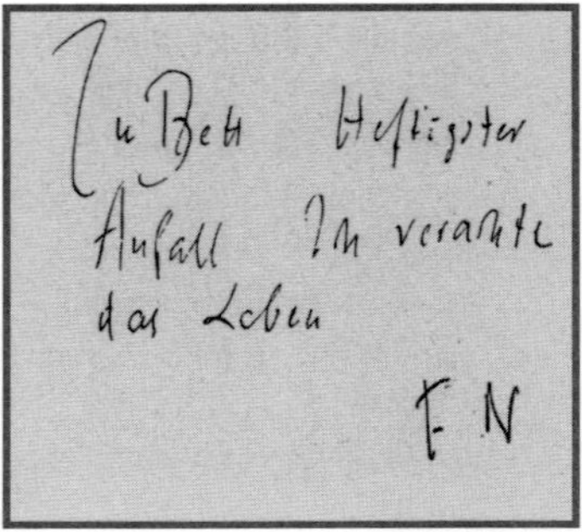

Zu Bett Heftigster
Anfall Ich verachte
das Leben

F N

Notiz Nietzsches

Der Freigeist wird immer aufatmen, wenn er sich endlich entschlossen hat, jenes mutterhafte Sorgen und Bewachen, mit welchem die Frauen um ihn walten, von sich abzuschütteln.

Aus: Menschliches, Allzumenschliches

Der beste Autor wird der sein, welcher sich schämt, Schriftsteller zu werden.

Aus: Menschliches, Allzumenschliches

Alle Menschen, die man lange im Vorzimmer seiner Gunst stehen lässt, geraten in Gärung.

Aus: Menschliches, Allzumenschliches

Man wird eine Menge nicht
zum Hosiannah-Rufen bringen,
bis man auf einem Esel
in die Stadt einreitet.

Aus: Menschliches, Allzumenschliches

Was ist Glück? – Das Gefühl
davon, dass die Macht wächst
– dass ein Widerstand überwun-
den wird.

Aus: Der Antichrist

Was liegt an mir – steht über
der Tür des künftigen Denkers.

Aus: Morgenröthe

Herauf nun,
herauf du grosser Mittag.

Aus: Also sprach Zarathustra

Das Publikum verwechselt leicht den, welcher im Trüben fischt, mit dem, welcher aus der Tiefe schöpft.

Aus: Menschliches, Allzumenschliches

Wie man versteinern soll. – Langsam, langsam hart werden wie ein Edelstein – und zuletzt still und zur Freude der Ewigkeit liegen bleiben.

Aus: Morgenröthe

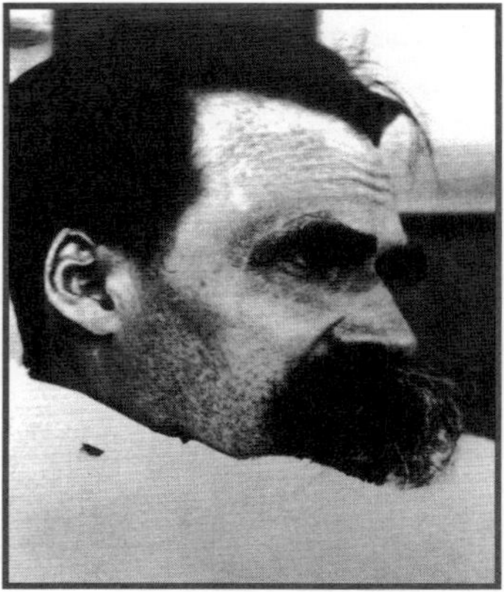

*Nietzsche in Weimar
in den letzten Krankheitsjahren*

Vademecum – Vadetecum
Es lockt dich meine Art und
Sprach,
Du folgest mir, du gehst mir
nach?
Geh nur dir selber treulich
nach: –
So folgst du mir – gemach!
gemach!

Aus: Die fröhliche Wissenschaft

Der Mensch der Erkenntnis muss nicht nur seine Feinde lieben, er muss auch seine Freunde hassen können.

Aus: Also sprach Zarathustra

Jede Tugend neigt zur Dummheit, jede Dummheit zur Tugend; "dumm bis zur Heiligkeit" sagt man in Rußland, – sorgen wir dafür, dass wir nicht aus Redlichkeit zuletzt noch zu Heiligen und Langweiligen werden! Ist das Leben nicht hundertmal zu kurz, sich in ihm – zu langweilen?

Aus: Jenseits von Gut und Böse

Womit kompromittiert man sich heute? Wenn man Konsequenz hat. Wenn man in gerader Linie geht. Wenn man weniger als fünfdeutig ist. Wenn man echt ist...

Aus: Götzen-Dämmerung

Unser Glaube an andre verrät, worin wir gerne an uns selber glauben möchten. Unsere Sehnsucht nach einem Freunde ist unser Verräter.

Aus: Also sprach Zarathustra

Der Aphorismus, die Sentenz, in denen ich als der erste unter Deutschen Meister bin, sind die Formen der "Ewigkeit"; mein Ehrgeiz ist, in zehn Sätzen zu sagen, was jeder andre in einem Buche sagt – was jeder andre in einem Buch nicht sagt...

Aus: Götzen-Dämmerung

Der Weise spricht.
Dem Volke fremd und nützlich
doch dem Volke,
Zieh ich des Weges, Sonne
bald, bald Wolke –
Und immer über diesem Volke!

Aus: Die fröhliche Wissenschaft

...wer heute am besten lacht,
lacht auch zuletzt.

Aus: Götzen-Dämmerung

ZEITTAFEL

1844

Am 15. Oktober in Röcken bei Lützen Geburt Friedrich Wilhelm Nietzsches

1846

Geburt der Schwester Elisabeth

1849

Nietzsches Vater stirbt nach fast einjährigem Siechtum an Gehirnerweichung

1850
Die Familie übersiedelt nach Naumburg

1850 - 1858
Nietzsche besucht in Naumburg die Knabenbürgerschule, das Privatinstitut des Kandidaten Weber sowie das Domgymnasium

1858 – 1864
Besuch der Landesschule Pforta. Gründung der "Germania". Erste philosophische Aufsätze

1864

Studium der Theologie und klassischen Philologie an der Universität Bonn

1865

Aufgabe des Theologiestudiums. Wechsel an die Universität Leipzig

1868

Militärdienst in Naumburg. Erste Begegnung mit Richard Wagner in Leipzig.
Abschluss der Studien

Das Geburtshaus in Röcken bei Lützen (Sachsen-Anhalt)

Der Vater Carl Ludwig Nietzsche,
Pfarrer in Röcken

Die Mutter Franziska Nietzsche als junge Ehefrau

1869

Berufung auf einen Lehrstuhl für klassische Philologie an der Universität Basel

1872 – 1876

"Die Geburt der Tragödie aus dem Geiste der Musik", "Unzeitgemäße Betrachtungen"

1876

Nietzsche nimmt wegen dauernder starker Kopfschmerzen für ein Jahr Urlaub und sucht Erholung in Italien (Sorrent)

1878 – 1882

"Menschliches, Allzumenschliches", "Der Wanderer und sein Schatten", "Morgenröthe", "Idyllen aus Messina", "Die fröhliche Wissenschaft"

1879

Nietzsche erkrankt schwer und gibt die Baseler Professur auf. Ende der Gelehrtenlaufbahn und Beginn einer unsteten Wanderschaft

1881

Nietzsche entdeckt das klimatisch günstige Sils Maria im Oberengadin für sich als Ort des Schaffens

1882

Reise nach Messina. Sommerfrische mit Lou von Salomé in Tautenburg.

1883 – 1889

"Also sprach Zarathustra",
"Jenseits von Gut und Böse",
"Zur Genealogie der Moral",
"Der Fall Wagner",
"Der Antichrist",

"Dionysos-Dithyramben",
"Götzen-Dämmerung",
"Nietzsche contra Wagner",
"Ecce homo"

1889

Zusammenbruch in Turin. Nach kurzem Aufenthalt in Basel Aufnahme in die Binswangersche Klinik in Jena. Seither geistig umnachtet.

1890

Übersiedlung mit der Mutter nach Naumburg in häusliche Pflege

1894
Gründung des Nietzsche-Archivs durch die Schwester im Haus Weingarten 18 in Naumburg

1896
Umzug der Schwester nebst Archiv nach Weimar

1897
Tod der Mutter. Die Schwester holt Nietzsche nach Weimar

1900
Nietzsche stirbt am 25. August in Weimar und wird in Röcken begraben

Quellenangabe

Die Texte Nietzsches werden aus der Ausgabe von Giorgio Colli und Mazzino Montinari:

Friedrich Nietzsche, sämtliche Werke, kritische Studienausgabe in 15 Bänden, München 1988,

zitiert. Unter dem jeweiligen Zitat steht der Werktitel Nietzsches. Dieses Büchlein bietet auf begrenztem Raum eine als Anregung zu weiterer Beschäftigung gedachte Auswahl und will helfen, die Distanz zu Nietzsche zu verringern.

Ich danke
meiner Frau Stefanie
für ihre Unterstützung
bei der Arbeit.

H.G. Becker

Aus dem lieferbaren Mini-Angebot

Kochbüchlein

Apfelessig-Büchlein • Astro-Rezepte •
Aufläufe - herzhaft + süß •
Das besondere Backbüchlein •
Bierbüchlein •
Böhmisches Kochbüchlein Brotbüchlein •
China-Kochbüchlein •
Einmachbüchlein • Gebackene Desserts
Gelee, Konfitüre & Co. •
Gemüseraritäten
• Gewürzbüchlein • Grillbüchlein •
Honigbüchlein •
Italien-Kochbüchlein
• Kaffeebüchlein •
Kartoffelbüchlein •
Kloß- und Knödelbüchlein •
Kochbüchlein Berlin & Mark Brandenburg

Kochbüchlein Lausitz • Kochbüchlein
Mecklenburg-Vorpommern •
Kochbüchlein Rheinland •
Kochbüchlein Sachsen •
Kochbüchlein Sachsen-Anhalt •
Kochbüchlein Schwaben •
Kochbüchlein Schweiz •
Kochbüchlein Thüringen •
Kochbüchlein USA
• Kraut und Rüben •
Küchenkräuterbüchlein • Mond-Drinks •
Nudeln, Spaghetti & Co. •
Obstexoten • Osterbüchlein •
Ostpreußen-Kochbüchlein •
Pfefferkuchenbüchlein •
Polen-Kochbüchlein • Quarkbüchlein •
Salate - ganz knackig •
Sauerkrautbüchlein •
Schlankes Kochbüchlein •
Schlesisches Kochbüchlein •
Schnellkochbüchlein •
Teevergnügen •

Ungarn-Kochbüchlein •
Vegetarisches Kochbüchlein •
Weinbüchlein •
Würzige Knabbereien •

Pflanzenbüchlein

Balkonfreuden •
Naturapotheke •
Pilzbüchlein •
Wildfrüchtebüchlein •
Wildkräuterbüchlein •

Der besondere Band

ABC der Zimmerer •
Berlin für die Westentasche •
Erzgebirgisches Weihnachtsbüchlein •
Flirt, Flirt • Flotte Sprüche •
Frühlingsbüchlein •

✿ 128 ✿

Goethe-Zitate •
Herbstbüchlein •
Hundebüchlein • Katzenbüchlein •
Lippen locken … •
Nietzsche-Zitate •
Ostereierbüchlein •
Puppenbüchlein •
Sandmännchen-Büchlein •
Schnupfenbüchlein • Sommerbüchlein •
Wetter- & Bauernregelbüchlein •
Winterbüchlein •

BuchVerlag für die Frau
Postfach 100348 • 04003
Leipzig